Nouvelle Édition

W0298629

Alain TRUCHOT et **Michel MÉRIOT**

LE GUIDE DE FORMATION MUSICALE

* 1ère année : Débutant I (I.M.I)
2ème année : Débutant II (I.M.II)
3ème année : Préparatoire I (I.M.III)
4ème année : Préparatoire II
5ème année : Élémentaire I
6ème année : Élémentaire II
7ème année : Moyen
8ème année : Fin d'études
9ème année : Supérieur

AVANT-PROPOS

L'ouvrage que nous vous proposons en 9 recueils a été élaboré d'après les normes pédagogiques du Ministère de la Culture et de la Fédération Nationale des Unions de Conservatoire de Musique (F.N.U.C.M.U.). Sa particularité se trouve dans le fait qu'il est, à notre connaissance, le premier à grouper dans chacun des différents recueils tous les éléments nécessaires à la connaissance de la musique.

- LA THÉORIE : un minimum indispensable

- LA LECTURE : verticale, horizontale, mélange des clés.

- LE RYTHME : exercice dans lequel des questions seront posées.

- LE CHANT : exercice dans lequel des questions seront posées.

- LA FORMATION AUDITIVE : (dictée)

Ce 2ème recueil du "GUIDE DE FORMATION MUSICALE" est un ouvrage de transition. Il comporte des éléments nouveaux et sert à parfaire l'acquis du 1er recueil, essentiel pour la suite des études.

Ce manuel contient seulement 18 leçons, chacune établie sur 2 pages, mais certaines de ces leçons doivent faire l'objet d'un travail de 2 semaines.

Nous espérons que ce volume destiné aux étudiants de 2ème année, conviendra aux pédagogues désireux d'inculquer une base solide à leurs élèves.

Les auteurs

IMPRIMÉ EN ITALIE PRINTED IN ITALY

TERMES MUSICAUX DIVERS

d'Accentuation

Ben marcato : bien marqué
Leggiero : léger
Sforzando : (sfz) fort subitement
Staccato : très détaché

d'Expression

Appassionato : passionné ardent
Affectuoso : affectueux
Amoroso : tendre, sentimental
Brio : brillant (avec feu)
Cantabile : chantant
Capriccioso : capricieux
Delicato : délicat
Doloroso : douloureux
Espressivo : expressif
Energico : énergique
Maestoso : majestueux
Sostenuto : bien soutenu

de Mouvements

Grave : mouvement très lent, sévère
Lento : lentement
Presto : vif, animé
Prestissimo : très animé
Stretto : en serrant , plus rapide
Stringendo : en pressant
Vivo : mouvement animé

Divers

Ad Libitum : (ad Lib.) à volonté
A piacere : à volonté
Molto : beaucoup
Sempre : toujours
Solo : seul
Vibrato : ondulation du son

Ouvrage protégé -Toute reproduction (photocopie, numérisation, ...), même partielle, sans autorisation constitue une contrefaçon.

SOMMAIRE

IMPORTANT

Ce volume contient ce qu'un élève doit normalement assimiler dans une année scolaire .

Chacune des 18 leçons ne correspond pas obligatoirement à une semaine (ou à un cours). Certaines feront l'objet de plusieurs cours selon l' appréciation du professeur.

© 1988 by Editions M. COMBRE

Ouvrage protégé –Toute reproduction (photocopie, numérisation, ...), même partielle, sans autorisation constitue une contrefaçon.

THÉORIE

Cette 1ère leçon du 2ème volume du “GUIDE DE FORMATION MUSICALE” ne comportera aucune nouveauté mais servira de “récapitulatif ” au 1er volume. Exemple :

Les éléments suivants seront mis en pratique :
Les altérations ♯ - ♭ - ♮ -la liaison, les mesures à 2/4 3/4 4/4 - le triolet, trois termes de mouvement, les nuances, le point d'orgue 𝄐 et le point d'arrêt

Comme dans le 1er volume, nous n’indiquons pas le mouvement de la lecture, le professeur l'imposera en fonction du niveau de sa classe .

LECTURE

1 -

2 -

(mélange de 2des, 3ces, 4tes, 5tes,)

3 -

RYTHME

4 -

Ajouter les barres de mesure à ces deux dernières portées.

(1) Ces barres ont pour but, simplement, de servir de point de repère.

CHANT

5 -

FORMATION AUDITIVE

6 -

Recopier *(au crayon)* ci-dessous, la 1ère portée de l'exercice de formation auditive (N°6) après avoir dessiné la clé de sol

THÉORIE

Cette 2ème leçon ne comporte pas non plus d'éléments nouveaux car il est important que les élèves se remémorent en début de cette 2ème année scolaire, ce qu'ils ont appris la 1ère année, c'est un moyen de bien assimiler.

LECTURE

1 -

2-

RYTHME

Pulsation à la noire, puis par la battue traditionnelle après avoir placé les barres.

3 -

CHANT

d'après un air Russe
(anonyme)

4 -

FORMATION AUDITIVE

5 -

Recopier *(au crayon)* ci-dessous, la 1ère portée de l'exercice de FORMATION AUDITIVE (N°5)

LE DEMI-SOUPIR

THÉORIE

Dans le 1er recueil, nous avons fait connaissance avec la croche; voici maintenant son silence : le 1/2 soupir : (𝄾) . Nous allons le mettre en pratique dans l'exercice de RYTHME (N°4).

LECTURE

Une pulsation pour 2 notes et avec régularité.

1 - 

2- 

3- 

RYTHME

Pulsation à la noire, puis par la battue traditionnelle après avoir placé les barres.

4 - 

Battue traditionnelle.

5 - 

CHANT

FORMATION AUDITIVE

Exercice de copie musicale *(au crayon) (1ère portée du N°7)*

LA MESURE à $\frac{3}{8}$

THÉORIE

Après les mesures à $\frac{2}{4}$ $\frac{3}{4}$ $\frac{4}{4}$ voici la mesure à $\frac{3}{8}$. Chaque temps correspond à une croche ♪ soit trois croches pour la mesure : ♪ ♪ ♪ ou ♫ ou encore l'équivalence ♩ ♪

Ne pas confondre trois croches régulières avec les trois croches en triolets (3) lesquelles se font dans le même temps que deux croches simples.

LECTURE

1 -

2-

3-

4 -

RYTHME

Pulsation à la croche. Solfier les 3 portées du N° 5 *(équivalences)*

5 -

 Battue traditionnelle

6 -

CHANT

FORMATION AUDITIVE

Exercice de copie musicale

LA MESURE à $\frac{3}{8}$ (suite)

THÉORIE

Cette 5ème leçon sera également consacrée à la mesure à $\frac{3}{8}$ avec mise en application des silences correspondants .

Exemple : ♩ = 𝄽 ♪ = 𝄾 ♩. = 𝄽 𝄾 (ou 𝄽.)

LECTURE

1-

RYTHME

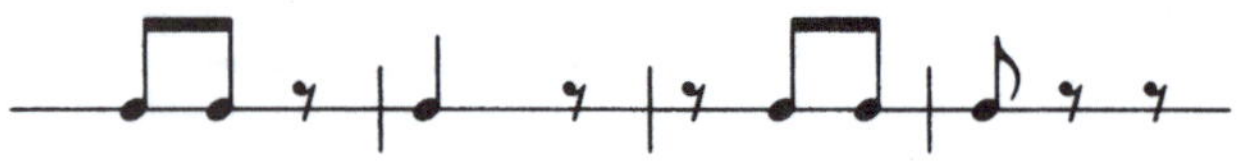

Battue traditionnelle

2-

(I) La pause peut être aussi le silence de toutes les mesures.

CHANT

3 -

FORMATION AUDITIVE

4 -

Exercice de copie musicale

LA MESURE à $\frac{6}{8}$

THÉORIE

La mesure à $\frac{6}{8}$ fait partie des mesures dites "ternaires ou composées" c'est-à-dire des mesures dont chaque temps est divisible par 3 alors que pour les mesures "binaires ou simples" déjà étudiées, chaque temps est divisible par 2. Sachons, par conséquent, que toutes les mesures composées auront toujours une valeur pointée comme unité de temps.

Equivalence des valeurs
(mise en pratique dans le N°3)

Remarquons que l'ensemble d'une mesure à $\frac{6}{8}$ correspond à 2 mesures à $\frac{3}{8}$

LECTURE

Une pulsation pour 2 notes et avec régularité.

1 -

2 -

RYTHME

Pulsation à la croche.

3 -

Placer les barres de mesure

CHANT

4 -

accord arpégé → jouer de bas en haut.

FORMATION AUDITIVE

5 -

Exercice de copie musicale

LA MESURE à $\frac{6}{8}$ (suite)

THÉORIE

Nous poursuivons l'étude de la mesure à $\frac{6}{8}$ en insérant des silences dans les exercices de rythme et de chant et en continuant la subdivision.
Nous aborderons le $\frac{6}{8}$ non subdivisé de même que le $\frac{3}{8}$ à 1 temps *(Tempo de Valse)* dans la 9ème leçon.

LECTURE

1 -

2 -

RYTHME

Pulsation à la croche *(Subdivision)*

3 -

CHANT

FORMATION AUDITIVE

Exercice de copie musicale

LA GAMME MINEURE

THÉORIE

Après avoir fait connaissance avec la gamme (Majeure) dans la 10ème leçon du 1er recueil voici la relativité des deux gammes "Majeure et mineure". Une gamme mineure relative d'une gamme Majeure est une gamme ayant la même armure *(excepté Do Majeur et La mineur qui n'ont pas d'altérations à la clé).*

Les courbes du haut représentent les tons, celles du bas les demi-tons

Gamme de Do Majeur

Gamme de La mineur

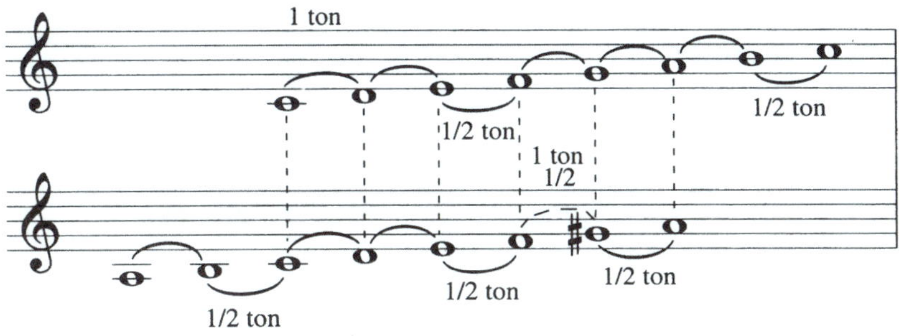

Gammes relatives

La gamme mineure a 3 1/2 tons placés entre les 2e et 3e degrés, 5e et 6e et 7e et 8e

LECTURE

1 -
2 -

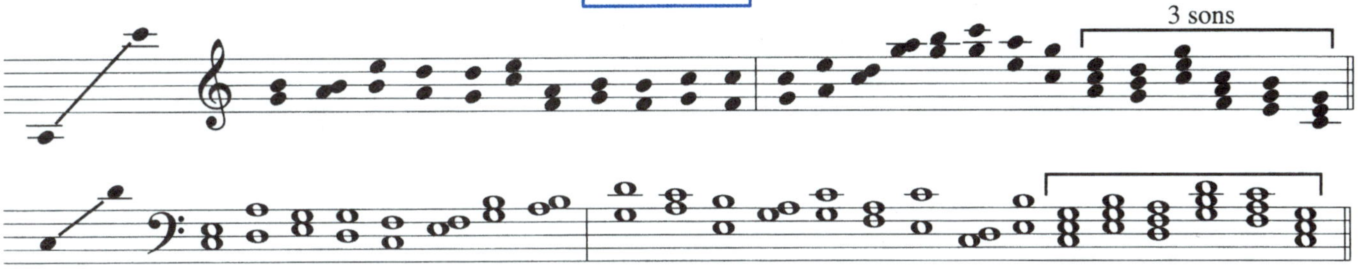

RYTHME

Par pulsation et battue traditionnelle après avoir placé les barres de mesure

3 -

CHANT

4 -

FORMATION AUDITIVE

5 -

Exercice de copie musicale

THÉORIE

Dans cette 9ème leçon nous allons mettre en pratique le $\frac{6}{8}$ non subdivisé précédé du $\frac{3}{8}$ à 1 temps, *(ou Tempo de Valse)*. Nous n'inclurons pas les silences dans les exercices de RYTHME (N°3 et 4) compte tenu de la difficulté nouvelle.

LECTURE

Avec régularité

1 -

2 -

RYTHME

Pulsation à la ♩. *(Battre à 1 temps)*

3 -

Pulsation à la ♩. *(Battre à 2 temps)*

4 -

CHANT

Dans ce N°5, indiquer *(au crayon)* par une croix, une pause, un point d'orgue et un crescendo.

5 -

FORMATION AUDITIVE

6 -

Exercice de copie musicale

(I) Tempo = Mouvement

LES DEGRÉS

THÉORIE

Nom des différents degrés de la gamme *(ou notes)*

1er degré : Tonique - 2ème : Sus-Tonique - 3ème : Médiante - 4ème : Sous-Dominante - 5ème : Dominante - 6ème : Sus-Dominante - 7ème : Note Sensible.
Indiquer le nom des notes *(ou degrés)* de la 1ère mesure du N°4 (CHANT)

LECTURE

Alternance de 3 notes sur les 2 portées.

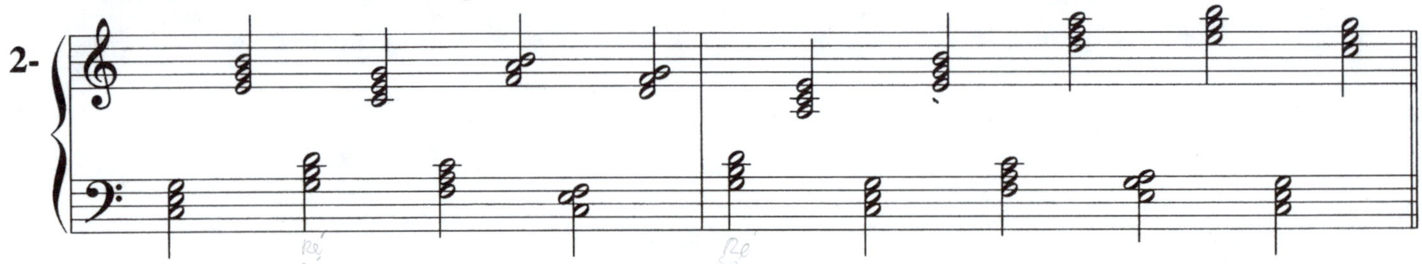

RYTHME

Compléter *(au crayon)* les mesures avec des silences, puis solfier.

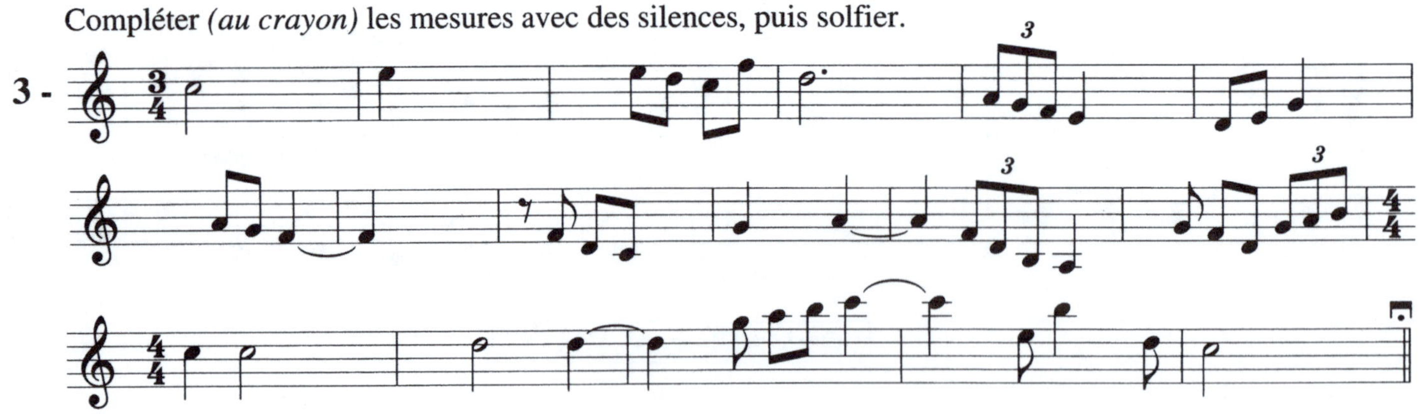

Battre à 1 temps après avoir placé les silences

Battre à 2 temps après avoir placé les silences

CHANT

4 -

FORMATION AUDITIVE

5 -

Exercice de copie musicale

THÉORIE

L'accentuation, c'est avec les nuances, ce qui donne la vie à la musique grâce à des appuis divers, un relief en quelque sorte par rapport à ce qui est plat, monotone.

Le point (•) placé sous *(ou sur)* une note, indique qu'il faut écourter cette note, lui donnant ainsi une certaine légèreté. Ne pas confondre ce point avec celui placé "à côté" d' une note dont le but est de la prolonger de la moitié de sa valeur *(1er volume).*

Le signe (> ou ∧) indique qu'il faut accentuer la note avec force.

Le tiret (–) signifie qu'il faut soutenir la note en l'alourdissant.

LECTURE

1-

RYTHME

L'accentuation

2-

(I) Une noire écourtée devient "en pratique" une croche

CHANT

(I) legato = lié

FORMATION AUDITIVE

Exercice de copie musicale

THÉORIE

Il existe plusieurs signes de reprise. La reprise même indiquée comme ceci 𝄆 𝄇 signifie qu'il faut reprendre à la 1ère reprise lorsque l'on rencontre la seconde (I). Il existe aussi le "D.C." *(Du Commencement) (vu dans le 1er recueil)*. Il existe enfin le signe suivant : 𝄋 dont la rencontre du 2ème signifie qu'il faut reprendre au 1er pour terminer au mot **FIN**

Exemple donné dans les exercices N°3 (RYTHME) et 4 (CHANT).

Signalons que ce signe 𝄋 ne se rencontre pas forcément à la 1ère mesure. (I)

LECTURE

1 -

2-

RYTHME

3 -

(I) Le professeur donnera des explications supplémentaires éventuelles.

CHANT

4 -

* Tempo primo = 1er mouvement

FORMATION AUDITIVE

Mode Pentatonique (I)

5 -

Exercice de copie musicale

(I) *Le professeur pourra donner, le cas échéant, une explication*

THÉORIE

Une anacrouse (terme d'origine grecque), c'est lorsqu'une note, ou plusieurs, précèdent une mesure entière sous une forme rythmique non définie. L'anacrouse constitue un départ "en levant" *(définition courante)*, en principe sans dépasser la moitié de la mesure.

(Beethoven) *(Tchaïkowski)* *R. de L'Isle (La Marseillaise)*

Une anacrouse se fait presque toujours sur un temps faible ou la partie faible d'un temps fort.

LECTURE

1 -

2-

RYTHME

3 -

4 -

(I) Doubles croches que nous étudierons à la 15ème leçon.

CHANT

J. S. BACH (Choral)

Andante

FORMATION AUDITIVE

Exercice de copie musicale

LES NOTES TONALES ET MODALES

THÉORIE

Les notes tonales déterminent le ton. Elles sont les 1ère, 4e et 5e d'une gamme Majeure ou mineure. Grâce à elles, nous pouvons savoir si nous sommes en Do, en Ré, en Mi etc.

Les notes modales déterminent le mode. Elles sont les 3e et 6e d'une gamme Majeure ou mineure. Grâce à elles, nous pouvons savoir si nous sommes en Do Majeur ou Do mineur, Ré Majeur ou Ré mineur etc.

Notes tonales de Do Majeur :

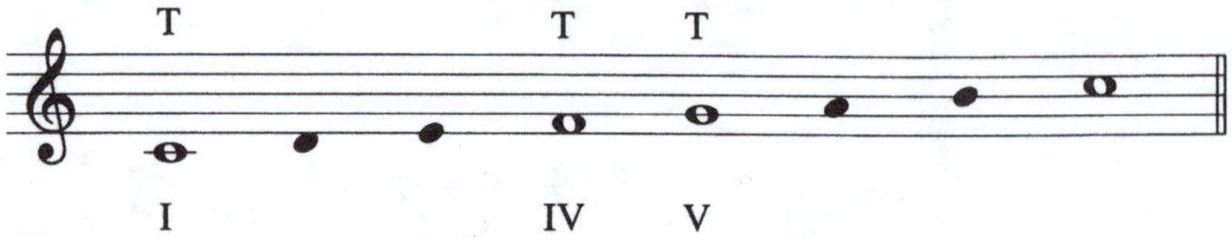

Notes modales de Do Majeur :

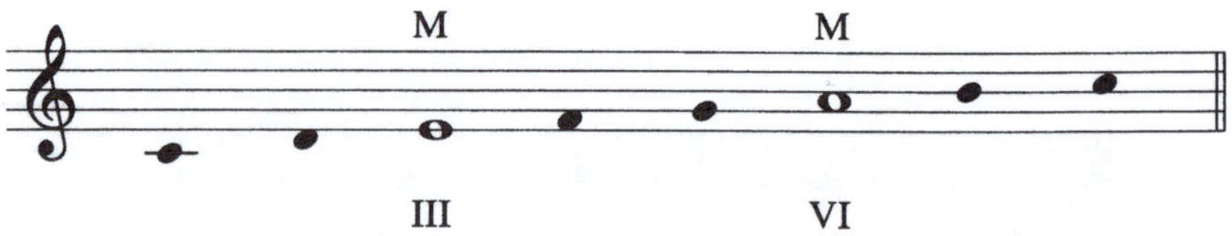

LECTURE

1 -

RYTHME

Pulsation à la ♩ et battue traditionnelle après avoir placé les barres.

2 -

CHANT

FORMATION AUDITIVE

Exercice de copie musicale

THÉORIE

Nous avons étudié la ronde, la blanche, la noire, la croche.
Voici la "double croche" ♬ , il en faut 2 pour une croche, 4 pour une noire ♩ = 

Nous allons les utiliser dans les mesures simples : 2/4 3/4 4/4. Elles prendront la place d'une noire, c'est-à-dire d'un temps, dans les exercices N°3 (RYTHME) et 4 (CHANT).

LECTURE

Alternance de 3 notes sur les 2 portées

1-

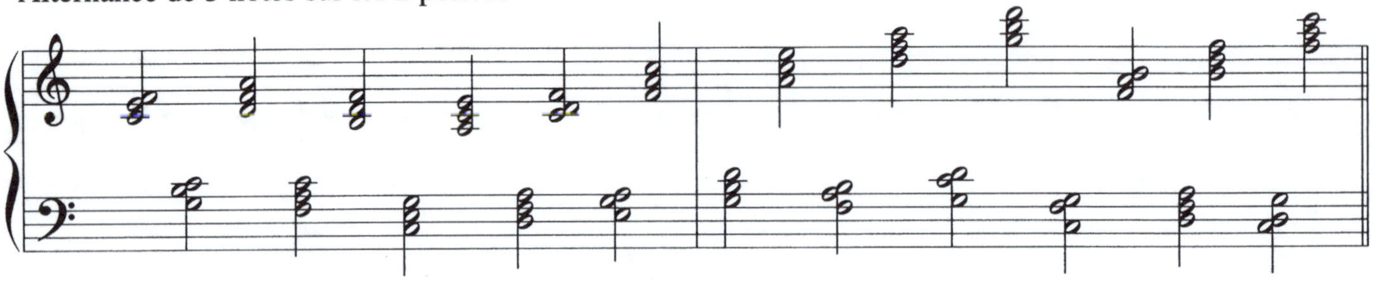

2 -

RYTHME

3 -

CHANT

4 -

FORMATION AUDITIVE

5 -

Exercice de copie musicale

THÉORIE

Les cadences sont des ponctuations du discours musical. Elles indiquent soit un repos, soit une démarcation, soit une terminaison *(Th. Dubois)*. Il y a 6 sortes de cadences, mais dans l'immédiat, nous n'en étudierons que deux : la 1/2 cadence *(repos sur la dominante)*, la cadence parfaite *(enchaînement de la dominante à la tonique)*.

Exemple :

LECTURE

A lire lentement au début

1-

RYTHME

Compléter les mesures avec des silences *(au crayon)*.

2 -

CHANT

FORMATION AUDITIVE

Exercice de copie musicale

THÉORIE

Dans l'exercice de CHANT (N°4) que signifient : Andante, *mf*, ce signe <, ainsi que les points placés sur certaines notes, et l'abréviation : *rit...*?

LECTURE

Alternance de 3 notes sur les portées.

1-
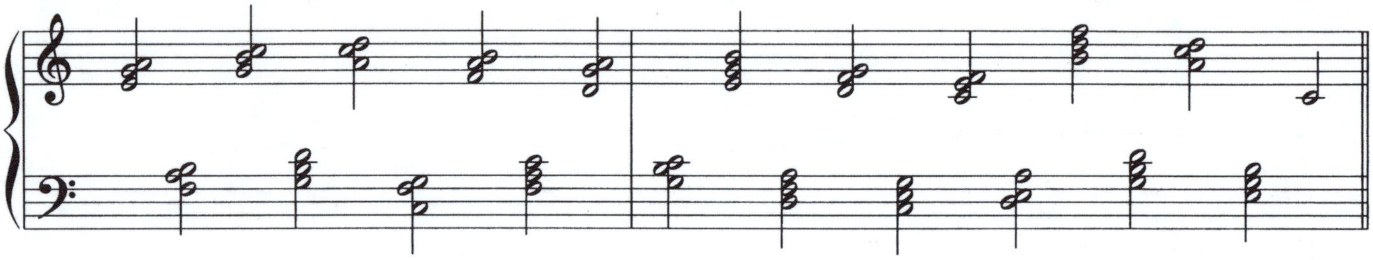

En quintes

2 -

RYTHME

Temps = Temps jusqu'à la fin

3 -

CHANT

Menuet de H. PURCELL

4 -

FORMATION AUDITIVE

5 -

Exercice de copie musicale

RÉVISION

THÉORIE

Indiquer le nom des intervalles soulignés (I) dans l'exercice de RYTHME (N°2), par les abrégés habituels : 2de, 3ce, 4te etc....

Indiquer également par une croix (+) les 1/2 soupirs, par un rond (O) les soupirs.

LECTURE

(Lire avec régularité)

1-

RYTHME

2 -

(I) étudiés dans le 1er volume.

CHANT

3 -

FORMATION AUDITIVE

4 -

Exercice de copie musicale

LE GUIDE DE L'EVEIL MUSICAL

Christine YVON-DEL
Alain TRUCHOT - Michel MERIOT

NOUVEL OUVRAGE PÉDAGOGIQUE DESTINÉ AUX JEUNES ENFANTS D'ÂGE PRÉ-SCOLAIRE (5 - 6 ans)

« Le guide de l'éveil musical », conçu par des enseignants confirmés de la musique, utilise largement les capacités réceptives du jeune enfant pour une démarche d'imprégnation musicale conduisant progressivement au seuil de l'enseignement traditionnel par des acquisitions bien dosées tout au long des 34 leçons.

Chaque leçon se présente ainsi :

POUR L'ADULTE
- un chant ou comptine avec accompagnement de piano
- une exploitation pédagogique (*sur le rythme ou sur la mélodie*)

POUR L'ENFANT
- Présentation graphique de la notion abordée (*rythme ou relation mélodique*)
- Exercices de lecture
- Exercices auditifs

La collaboration des parents, souhaitable pour des élèves de cet âge, est incluse dans la conception de l'ouvrage.

Le matériel utilisé se limite à un instrumentarium simple et ce guide broché de 70 pages, abondamment pourvu d'illustrations coloriées présente un attrait de nature à capter l'attention des jeunes musiciens en herbe qui l'utiliseront avec leur Professeur.

EDITIONS
COMBRE
DEPUIS 1919

Imprimerie RM Print - Firenze - Novembre 2018